19575

NOUVEL ABÉCÉDAIRE MORAL,

INSTRUCTIF ET AMUSANT,

A L'USAGE

DES ENFANS ET DES ADOLESCENS;

ORNÉ DE VINGT-CINQ JOLIES GRAVURES EN TAILLE-DOUCE.

CONTENANT:

1°. Des Alphabets de différens caractères; 2°. Un Syllabaire; 3°. Des Mots les plus faciles à épeler; 4°. Des Règles sur la Prononciation; 5°. L'Explication des différens Animaux représentés par les gravures, dont une correspond à chaque lettre de l'Alphabet; 6°. Un Choix de Fables de La Fontaine, qui conviennent le mieux aux Enfans; 7°. Un petit Choix de Bouquets et de Complimens; 8°. Des Leçons de Géographie; 9°. Un petit Traité d'Arithmétique; 10°. La Connoissance des Chiffres Arabes et Romains; 11°. Tableau de Multiplication.

QUATRIÈME ÉDITION.

A METZ,

Chez { C. PIERRON, Imprimeur-Libraire, Place Sainte-Croix, N° 606.
      DEVILLY, Libraire, Rue du Petit-Paris.

1811.

AUX ENFANS.

Près d'une bonne et tendre Mère,
Heureux qui passe ses momens !
Enfans, c'est le bonheur sur la terre;
Chérissez toujours vos parens.
Donnez-leur, dans votre jeunesse,
Des marques d'un sincère amour,
Afin qu'une heureuse vieillesse
Coule pour vous comme un beau jour.

(3)

A	B	C
D	E	F
G	H	I J
K	L	M

(4)

N	O	P
Q	R	S
T	U	V
X	Y	Z

a	b	c
d	e	f
g	h	i j
k	l	m

n	o	p
q	r	s
t	u	v
x	y	z

(7)

ABCDEFGHI
JKLMNOPQ
RSTUVXYZ
ÆŒWÇÉÈÊ.

abcdefghijkl
mnopqrstuvx
yz & ç æ œ ff fl ffl
w ' - . : , ; ? ! « Q ▢ †.

abcdefghijkl
mnopqrstuvx
yz & ç æ œ ff fl fi ffi

SYLLABAIRE.

Ba be bi bo bu
Ca ce ci co cu
Da de di do du
Fa fe fi fo fu
Ga ge gi go gu
Ha he hi ho hu
Ja je ji jo ju
Ka ke ki ko ku
La le li lo lu

Ma	me	mi	mo	mu
Na	ne	ni	no	nu
Pa	pe	pi	po	pu
qua	que	qui	quo	quu
Ra	re	ri	ro	ru
Sa	se	si	so	su
Ta	te	ti	to	tu
Va	ve	vi	vo	vu
Xa	xe	xi	xo	xu
Za	ze	zi	zo	zu

Mots les plus faciles à épeler.

Sons simples.

Pa pa.	*Papa.*
A mi.	*Ami.*
Mi di.	*Midi.*
De mi.	*Demi.*
Bo bo.	*Bobo.*
Co co.	*Coco.*
Ce la.	*Cela.*
Ce ci.	*Ceci.*
Jé sus.	*Jésus.*
O pé ra.	*Opéra.*
Pi lo ti.	*Piloti.*

Sons

Sons composés.

Mon.	Mou.
Mur.	Car.
Cor.	Nos.
Dos.	Moi.
Toi.	Soi.
Lui.	Ver.
Au.	Mal.
Tel.	Mais.

Sons plus composés.

Lourd.	Louis.	Fier.
Lent.	Gain.	Jouer.
Verd.	Frein.	Suer.
Leur.	Long.	Nuit.
Corps.	Court.	Juin.

Vous.	Vent.	Suave.
Mien.	Dans.	Foin.
Tien.	Voit.	Pion.
Peau.	Liard.	Fouet.
Maux.	Pied.	Muet.

Mots plus difficiles à épeler.

Examples *de l'e muet.*

Mon de.	Fem me.	Jo lie.
Pou le.	On de.	En vie.
Ter re.	Vi e.	Vue.
Bou che.	Mou che.	Car pe.
Cou dre.	Plu me.	Cou de.
Pom me.	Mo de.	Poi re.
Ar me.	Car te.	Nap pe.

Lettres accentuées.

Nota. Avant d'aller plus loin, le Maître doit expliquer ce que sont les Voyelles, ou Sons naturels de la voix : ce que sont les Consonnes, ou Lettres qui n'ont de sons que quand elles sont jointes aux Voyelles ; ce que sont les Diphtongues, etc. ; ce que sont enfin les Lettres accentuées, ou dont le son est modifié par un accent qu'on place dessus. Ces accens rendent la Voyelle plus ou moins longue.

L'accent aigu se marque ainsi : (′)

EXEMPLES.

É co le.   Li ber té.   Ré gent.
É cor ce. Fi er té.   Cré a teur.
Fer me té. Cré an ce.   Ré fé ré.

L'accent grave se marque ainsi : (\)

EXEMPLES.

Pè re.   Frè re.   Pro grès.
Mè re.   Mi sè re.   Suc cès.
Ac cès.   Ci près.   Dé cès.

L'accent circonflexe se marque ainsi : (∧)

EXEMPLES.

Pâ te.   Gî te.   Bû che.

Tê te.   Cô te.   Lâ che.
Mê me.   Dô me.   Flû te.

Le Tréma se marque ainsi : (··)

EXEMPLES.

Ha ïr.   Po ë te.   Na ïf.
A ïeul.   Sa ül.   Si na ï.
E sa ü.   Mo ï se.   E ma üs.

Mots à épelér.

Blâ mer.   Fran ce.
Bru nir.   Gram mai re.
Sem bla ble.   Glan de.
Croi re.   Hym ne.
Chi en.   Il lu si on.
Droi tu re.   Il lus tre.
Crain dre.   Jour dain.
Fla gel la tion. Ka rat.
Pris.   Vi o len ce.

Pli.   Pe tit.
Plon ger.   Rhô ne.
Ca dran.   Rai son.
Qua dru pè de. Plu si eurs.
Quai.   Ruis seau.
Qua li té.   Mes se.
Que.   Pos te.
Qui.   Pé ti ti on.
Quel con que. Tout.

Cas où on prononce ch *comme un* k.

Or ches tre. Cho ris te. Chré‑
ti en. A na cho rè te. Chro‑
ni que. Chi ro man cie.

Le ç *prononcé comme deux* s.

Fran çais. For çat. Fa ça de.
Gar çon. Re çu. Su ço ter.

G *mouillé.*

Com pa gnie.   Cam pa gne.
Rè gne.   Pei gne.
Ro gnon.   Oignon.

L *mouillée.*

Fil le.   Cueil lir.   Fail lir.
Mouil ler. Feuil le.   O seil le.

Prononciation de ph.

Phra se.   Phy si que.
Phi lo so phe.

H *aspirée.*

Hé raut.   Har di.   Hé ros.

Lettres doubles.

Œil let.   Œuf.   Cœur.
Vœu.   Nœud.   Œil.

X *prononcé comme* s.

Au xer re.   Six.   Dix.

Phrases à épeler.

C'est Dieu qui a fait le so-leil. Dieu a fait tout ce que nous voy ons; il est le maî tre de tout; il sait tout.

Pour plai re à Dieu, un en-fant doit o bé ir à ses pa rens, et s'ap pli quer à bien li re.

Il faut que cha cun tra vail le. Ce lui qui ne tra vail le pas, ne mé ri te pas de man ger.

Le pain se fait a vec de la fa-ri ne. La fa ri ne se fait a vec du blé.

Pour a voir du blé, il faut le se mer. A vant de se mer, il

faut la bou rer. La ter re est dif fi ci le à la bou rer.

Le blé pous se des ra ci nes. Les ra ci nes por tent u ne ti ge. Cet te ti ge pro duit un é pi. Cet é pi ren fer me des grains de blé.

Heu reux les en fans à qui Dieu a don né des pa rens re li gi eux, par ce que, dès l'au ro re de la vie, ils con naî tront com bien il est doux d'ai mer le Sei gneur no tre Dieu, et de pra tiquer sa loi sain te !

HISTOIRE

HISTOIRE NATURELLE.

A.   A I G L E.

L'AIGLE est le plus grand et le plus fort des oiseaux qui vivent de proie. Son vol est prompt. Il a un bec long et crochu, les jambes jaunes, couvertes d'écailles, les oncles crochus et fort grands, la queue courte. Son plumage est châtain, brun-roux, et blanc. Son bec est noir par le bout et bleuâtre par le milieu, et en quelques autres jaune. Il a un duvet sous ses grandes plumes, dont le tuyau a ordinairement neuf lignes de tour. L'aigle fait son nid sur les plus hauts rochers des pays d'occident. Il nourrit ses petits jusqu'à ce qu'ils sachent voler, et alors il les chasse de son nid.

B. BELETTE.

La Belette est un petit animal à quatre pieds, et couvert de poils courts : qui a le corps fort allongé et très-souple, le museau étroit, la queue et les pattes courtes ; la gorge blanche, ainsi qu'une partie de son ventre sur la longueur ; le reste du corps roussâtre. Il y en a de deux espèces : l'une qui est sauvage, qu'on appelle proprement *Moustelle*, qui vit à la campagne : l'autre, domestique, qui se cache dans les greniers, qu'on appelle *Fouine*. Cet animal est petit, mais cruel et hardi. Elle se retire dans les fentes des pierres, se nourrit communément de rats, taupes, chauve-souris, et des œufs qu'elle dérobe dans les colombiers et dans les endroits écartés où quelques poules vont pondre, elle fait aussi la guerre aux lièvres; on prétend même qu'elle se bat contre les chats et les serpens.

C. CHIEN.

Le Chien a par excellence toutes les qualités intérieures qui peuvent fixer les regards de l'homme. Son courage et son ardeur cèdent au désir de plaire et au plaisir de s'attacher. Il attend avec soumission le commandement de son maître. Il falloit à l'homme ce compagnon fidelle, pour soumettre des animaux plus agiles et plus forts que lui, qui l'environnent. Mille exemples prouvent l'attachement et la sagacité de cet animal. Le trait suivant est arrivé de nos jours. Un habitant de Valenciennes meurt; son chien suit le convoi, et reste sur la tombe de son maître. Au bout de quelques jours, sa constance fit naître à des jeunes gens le projet de construire une cabane à ce gardien fidelle. Il y passa neuf ans sans s'écarter de plus de douze ou quinze pas du poste que son cœur lui avoit assigné.

D. DRAGON.

On a donné ce nom à un petit lézard, qui, au moyen d'une conformation particulière, a la faculté de se transporter d'une branche à l'autre des arbres qu'il habite. Il n'a comme on voit, rien de commun avec cet être imaginaire, décrit par quelques historiens, vanté par les poëtes, et craint de tous les peuples qui en ont entendu parler. Il a au-dessous du menton, une espèce de poche, qu'il enfle à volonté. Ses aîles sont formées par une membrane qui réunit ses côtes, ce qui lui est très-particulier; aucun des animaux doués de la faculté de voler, n'étant conformés de même. On le trouve en Asie, en Afrique, vivant de fourmis, de papillons et de petits insectes; bien différent de ce monstre aîlé, dont le regard immoloit ses victimes, qui réunissoit l'agilité de l'aigle, la force du lion et la grandeur du serpent.

E. ÉLÉPHANT.

L'Eléphant est le plus gros, le plus fort et le plus spirituel des animaux terrestres à quatre pieds. Il a la tête grosse, le col court, les oreilles larges. Son nez qu'on appelle sa trompe, est long et creux comme une grosse trompette, et il lui sert de main. C'est avec le rebord de cette trompe, qu'il peut saisir les choses les plus petites, dénouer des cordes, déboucher une bouteille, faire, en un mot, tout ce qu'on fait avec la main. De son simple pas il atteint les hommes qui courent, et il fait quinze à vintg lieues par jour, et plus de trente quand on le presse; il a le pied si sûr, qu'il ne fait jamais un faux pas, et il se couche et se lève avec la même facilité que font les autres bêtes, contre l'opinion des anciens, qui ont cru qu'il n'avoit point de jointures. On n'a pas de certitude sur la durée de leur vie; on soupçonne seulement qu'ils doivent aller à plus de cent cinquante ans.

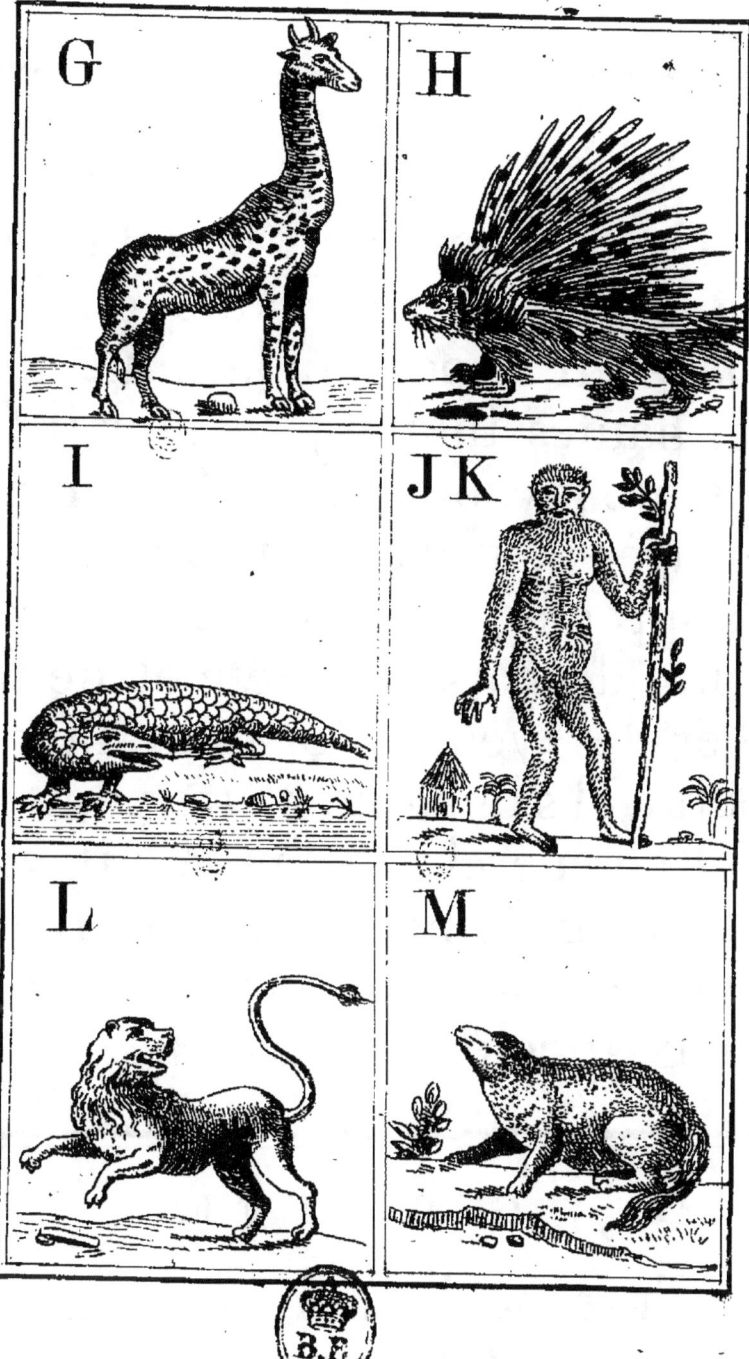

F.   FAISAN.

Cet oiseau réunit la délicatesse de la chair à la beauté du plumage ; il se perche la nuit, dans les hautes futaies, le jour il fréquente les bois taillis. Cet animal est très-peu rusé ; quand il sent l'approche du danger, il se contente de baisser la tête et de fermer les yeux : lorsqu'il ne voit point, il s'imagine n'être point vu.

En général, le faisan vit avec peine en domesticité, on réussit pourtant à le conserver dans les lieux appelés *Faisanderies*.

G.   GIRAFFE.

C'est un des animaux les plus grands et les plus doux. La giraffe a beaucoup de ressemblance avec le chameau, par ses mœurs et par ses goûts ; lorsqu'elle a pris son accroissement, elle est trois fois plus haute que le plus grand cheval ; mais cette grandeur n'est pas proportionnée, car le cou en fait presque la moitié : d'ailleurs, les jambes de derrière sont trop courtes par rapport à celles de devant. Avec ce défaut la giraffe ne peut pas bien courir : aussi, quoiqu'elle ne soit pas farouche, les peuples parmi lesquels on la trouve, n'ont pas essayé de l'employer à leur service. Il en est des animaux comme des hommes, on ne les recherche qu'à raison de leur utilité. La giraffe n'habite guère qu'en Ethiopie, et dans l'Afrique méridionale. Sa peau est marquée de petites taches blanches sur un fond brun.

HÉRISSON.

H. HÉRISSON.

Le hérisson est un animal innocent et paisible, qui ne fait usage de ses armes que contre ses ennemis. Lorsqu'on l'attaque, il se roule en boule, et présente de tous côtés les pointes dont il est hérissé. C'est-là son unique défense, car il ne sait ni fuir, ni combattre. Pour l'obliger à s'étendre, on le plonge dans l'eau.

Loin de nuire dans un jardin, il y mange les vers et les autres insectes : il se tient ou au pied des arbres, dans la mousse, ou sous des monceaux de pierres. On ne le voit pas de tout le jour, mais il marche la nuit. Son engourdissement pendant l'hiver, a la même cause que celui de la chauve-souris.

I.   IGUANE.

Ce lézard forme par l'éclat de ses couleurs et le brillant de ses écailles, un des principaux ornemens de ces immenses forêts qui couvrent une partie de l'Amérique méridionale. Sa longueur est assez souvent de cinq ou six pieds. Cet animal ne cherche point à nuire, et ne se nourrit que de végétaux et d'insectes. Il ne laisse pas cependant d'intimider, lorsqu'agité par la colère, et animant son regard, il fait entendre un sifflement, secoue sa longue queue, gonfle sa gorge, et redresse ses écailles hérissées de pointes. Lorsqu'il a reçu quelque éducation, il reste volontiers dans les jardins, et passe même la plus grande partie du jour dans les appartemens.

J.　　J O K O.　　K.

Le Joko est un grand singe qui marche comme l'homme, appuyé sur un bâton. En général, les singes ont de l'industrie; mais ils sont grimaciers, et même un peu méchans. Lorsqu'on les attaque, ils se défendent en jetant des pierres à leurs ennemis. On les voit se reunir en troupe, et aller à la picorée dans les jardins et les plantations voisines des forêts qu'ils habitent. Leurs expéditions sont faites avec une espèce d'ordre et de tactique : le plus hardi marche à la tête, grimpe sur les murs du jardin, cueille les fruits qui lui conviennent, les fait passer à celui qui le suit; celui-ci les remet à un autre, qui étant derrière en file, comme tout le reste de la troupe, les fruits volés arrivent bientôt, de main en main, jusqu'au dernier qui se trouve ordinairement dans la forêt.

Comme ces animaux imitent tout ce qu'ils voient faire, on profite de leur instinct pour les prendre. On se frotte devant eux le visage avec de l'eau, et l'on met adroitement de la glu dans le vase où l'on se lave.

L.   LION.

Le Lion est le plus fort et le plus terrible des animaux. Avec sa queue, longue d'environ quatre pieds et extrêmement souple, il peut étreindre cruellement un homme, lui casser une jambe, et même le tuer; mais il n'attaque que lorsque la faim le presse.

Pris jeune il peut s'apprivoiser, et même s'attacher à ceux qui le soignent, et à tout âge il est sensible aux bienfaits. Parmi une foule d'exemples touchans, nous choisirons celui de la Lionne du fort Saint-Louis, en Afrique.

Une belle Lionne que l'on gardoit enchaînée pour l'envoyer en France, fut atteinte d'un mal violent à la mâchoire, qui la priva de la faculté de manger : comme on désespéroit de sa guérison, on lui ôta sa chaîne et on jeta le corps dans un champ voisin. Ses yeux étoient fermés, et sa gueule ouverte étoit déjà remplie de fourmis, lorsqu'un Français l'aperçut en revenant de la chasse. Croyant remarquer quelque reste de vie dans ce pauvre animal, lui lava le gosier avec de l'eau, et lui fit avaler un peu de lait. Un remède si simple eut des effets merveilleux. La Lionne fut rapportée au Fort; on en prit tant de soin, qu'elle se rétablit par degrés. N'oubliant jamais à qui elle étoit redevable d'un si grand service, elle conçut une telle affection pour son bienfaiteur, qu'elle ne voulut rien prendre que de sa main; et lorsqu'elle fut tout-à-fait guérie, elle le suivoit dans l'île, avec un cordon au cou, comme le chien le plus familier. Tel est le pouvoir des bienfaits sur les caractères même les plus farouches.

M. MARMOTTE.

Cet animal habite les Alpes, les Pyrénées. Il se nourrit d'insectes, de fruits, de légumes, n'a point d'appétit véhément, vit en petite société, sommeille presque toujours. Son domicile est construit avec un art singulier sur le penchant d'une colline, et de préférence à l'exposition du Levant et du Midi. Il creuse un trou en forme d'Y. C'est pendant l'hiver qu'on saisit les Marmottes dans leur retraite. Ces animaux deviennent familiers, et sont susceptibles d'éducation. Ils apprennent à saisir un bâton, à gesticuler, à danser, à obéir à la voix de leur maître. Ils ne peuvent souffrir le chien, l'attaquent et le mordent lorsqu'ils se sentent appuyés par leur maître. La Marmotte s'assied sur le derrière, se sert de ses pattes de devant comme de mains pour manger. Les Savoyards indigens dressent ce petit animal à plusieurs petits exercices, et le promènent dans toute l'Europe. L'adresse avec laquelle il grimpe entre deux rochers leur a, dit-on, servi de leçon pour grimper dans les cheminées. La chair de la Marmotte a le goût de porc; elle fournit à la nourriture de plusieurs milliers d'hommes.

N. — NILGAULT.

Les Nilgauts sont assez doux pour se laisser régir et vivre en domesticité : on en trouve rarement dans leur pays natal, les Indes. Leur manière de se battre est assez singulière : arrivés en présence, et à une distance assez considérable, ils tombent sur leurs genoux de devant, et s'avancent dans cette posture, jusqu'à ce qu'ils soient

soient à portée de sauter l'un sur l'autre, et se livrer un combat souvent meurtrier. Dans les états du Mogol, on les tient en domesticité, comme les cerfs dans nos parcs, et ils servent aux amusemens de la chasse des empereurs. Leur chair est très-estimée.

O. OURS.

L'Ours est non-seulement sauvage, mais solitaire. Cet animal a les oreilles courtes, la peau épaisse, et le poil fort touffu. Ses jambes et ses bras sont charnus comme ceux de l'homme. Il frappe, comme l'homme avec ses poings; mais cette ressemblance grossière ne sert qu'à le rendre plus difforme. Quoiqu'il paroisse doux pour son maître, et même obéissant, quand il est apprivoisé, il faut toujours s'en défier. On lui apprend à se tenir debout, à gesticuler, à danser; il semble même écouter le son des instrumens, et suivre grossièrement la mesure; mais pour lui donner cette espèce d'éducation, il faut le prendre jeune. On connoît trois espèces d'Ours. L'Ours brun ou roux est carnassier et féroce. On le trouve dans tous les climats de l'ancien continent. L'Ours noir, qui est le plus grand de tous, n'est que farouche, et refuse de manger de la chair. L'Ours blanc terrestre, dont les mœurs n'ont point encore été trop observées, se trouve en Moscovie, en Tartarie, et dans d'autres contrées septentrionales. L'Ours ne vit guère que vingt à vingt-cinq ans.

P. PAON.

Ce bel oiseau joint à l'élégance de sa taille et à la richesse de son pennage, une démarche grave, majestueuse. Fier de sa brillante parure, il porte sa tête avec dignité, et lorsqu'il voit les yeux tournés sur lui, il semble enfler d'orgueil; c'est alors qu'il étale avec pompe en forme d'éventail les plumes de sa queue, dont les compartimens d'or et d'azur, les yeux, les nuances frappées des rayons du soleil, font un spectacle éblouissant. Ces oiseaux, dit-on, nous viennent des Indes. Ils étoient si rares autrefois, qu'on n'en voyoit que chez les Princes. Ils se sont bien naturalisés dans nos climats. Devenus nos oiseaux domestiques, ils sont, comme les oies, des sentinelles vigilantes. Leur cri triste et désagréable fait oublier la beauté de leurs plumes. Le Paon vit vingt-cinq ans. En général, la chair du Paon est sèche, dure et de difficile digestion. On l'appeloit la nourriture des preux chevaliers et des amoureux. Lorsqu'un chevalier s'engageoit à quelque entreprise, de jeunes dames et de jeunes demoiselles venoient lui présenter dans un plat un Paon roti, que l'on avoit adroitement revêtu de son superbe plumage. C'étoit sur cet oiseau et entre leurs mains, qu'il prêtoit son serment, qu'on appeloit *vœu du Paon*. On retournoit à table, et l'on en distribuoit à chacun des convives.

Dans le royaume d'Angola, les plumes de Paon servent à faire les parasols et enseignes du Roi.

Q. QUERCERELLE.

On trouve cet oiseau de proie dans l'un et l'autre continent, particulièrement en Suède, en Italie, en Bourgogne. Il est vif, hardi, avale tout vivans les rats, mulots, souris, en rejette la peau par le bec après la digestion; poursuit les petits oiseaux jusque dans l'intérieur des maisons, fait la chasse aux pigeons, aux perdrix, les enlève, leur coupe le cou, les plume adroitement et les mange. Le mâle est, dit-on, si tendrement attaché à sa femelle, qu'il fait des plaintes et cris continuels, lorsqu'elle s'absente, ou qu'il a le malheur de la perdre.

On prétend que cet oiseau a beaucoup de sympathie avec l'homme.

R.   REQUIN.

Le Requin, ou mangeur d'hommes, a vingt ou vingt-quatre pieds de long, et huit ou dix de diamètre ; sa gueule est si large, qu'il peut avaler un homme d'un seul morceau ; on a même trouvé souvent des chevaux entiers dans son estomac.

Voici une histoire assez singulière que l'on a racontée. En 1753, un matelot s'étant laissé tomber par hasard dans la mer Méditerranée, il se trouva un Requin tout prêt pour l'avaler malgré ses cris. Mais à peine l'animal avoit-il ce malheureux dans le ventre, que le capitaine du vaisseau fit pointer un canon sur lui, et le coup arriva si juste, que le Requin revomit à l'instant le matelot encore en vie, que l'on retira, et qui n'avoit presque pas de mal. La bête que l'on avoit aussi pêchée après l'avoir achevée, fut suspendue sur ce vaisseau; elle avoit vingt pieds de long sur huit de grosseur, et pesoit trois mille deux cent vingt-quatre livres; le capitaine l'abandonna au matelot, qui le faisoit voir pour de l'argent, et couroit le pays avec ce monstre. Sa gueule est affreuse par sa grandeur, qui a jusqu'à six pieds d'ouverture, et par la multitude de ses dents, qui forment plusieurs rangées, et qui sont tranchantes comme un rasoir. Il y en a qui pèsent jusqu'à trente mille livres; à Nice, à Marseille, on a trouvé des hommes entiers et même tout armés dans l'estomac des Requins.

S. SERPENT.

On trouve des Serpens dans les deux mondes ; mais dans quelques espèces, les petits éclosent dans le ventre de la mère, ils passent l'hiver dans la torpeur ou l'engourdissement ; et dans cette saison on en trouve souvent plusieurs croupés ensemble au fond des cavernes. Au commencement de la belle saison ils se dépouillent et revêtent une peau nouvelle. On ne sait point au jutse la durée de leur vie ; il paroît qu'elle comprend un grand nombre d'années. On peut leur ôter une partie de la queue sans leur nuire, car elle repousse presque toujours quand elle a été coupée.

La classe de ces reptiles est des plus nombreuses. Ils diffèrent sin-
gulièrement

gulièrement par la grandeur, par la variété, la richesse des couleurs, et par leur naturel. Il y en a de blancs, de rouges, de bleus, de noirs, et de différentes couleurs mêlées et disposées par lignes, par bandes, par rayes, par taches, en reseau et en figures régulières ou bisarres. Les uns sont vénimeux, les autres ne le sont pas. La Vipère d'Egypte, (c'est l'aspic des anciens), est un des serpens dont l'infortunée Cléopâtre choisit le poison pour se donner la mort, après la victoire d'Auguste. Les Couleuvres communes sont très-distinctes des vipères, par les belles couleurs dont la nature les a ornées sur toutes les parties du corps. On peut les apprivoiser, et elles subissent une espèce de domesticité. M. De Bomare en a vu une si bien élevée, qu'elle reconnoissoit la voix de sa maîtresse, et obéissoit à tous ses commandemens.

Parmi les plus forts et les plus grands Serpens se trouvent les *Boa*; le Boa devin est parmi les Serpens ce que le Lion est parmi les quadrupèdes. On en trouve qui ont jusqu'à trente pieds de long, et répandent la terreur dans les climats brûlans de l'Afrique et de l'Amérique qu'ils fréquentent. Pour les éloigner des habitations, on met le feu aux broussailles, aux herbes, et même aux arbres, ce qui les fait fuir; car lorsque la faim les presse, ni les montagnes, ni les rivières, rien ne peut les arrêter.

On a donné le nom de Serpens à sonnettes à des Serpens dont la queue est terminée par une grande pièce, de nature écailleuse, ou par plusieurs grandes pièces articulées les unes dans les autres, mobiles et bruyantes.

Le *Boiquira*, le plus dangereux des Serpens à sonnettes, habite presque toutes les contrées du Nouveau-Monde. Sa dent empoisonnée et son haleine fétide, le font redouter de tous les habitans de ces climats. Le bruit produit par les différentes parties des sonnettes, ressemble à celui du parchemin qu'on froisse, et peut être entendu à plus de soixante pieds de distance. Mais il marche avec rapidité, saute de branche en branche, et sur les pointes des rochers qu'il habite. Il court avec difficulté dans la plaine, et ce n'est que là qu'on peut éviter sa rencontre.

T.   TIGRE.

Le Tigre n'est pas aussi fort que le Lion; mais il est plus à craindre, parce qu'il est plus cruel. Rassassié ou à jeun, il n'épargne aucun animal, et ne quitte une proie que pour en égorger une autre. Heureusement l'espèce n'en est pas nombreuse. Dans la captivité, il déchire la main qui le caresse, comme celle qui le frappe. Cet animal a beauconp de rapport avec le chat : il est, comme lui, hypocrite et caressant par envie de mal faire.

U.   UNAU.

On a donné à cet animal le surnom de paresseux, parce qu'il est extrêmement lent. Cependant

sa lenteur est moins l'effet de la paresse que du défaut de conformation. Il n'a point de queue, et n'a que deux ongles aux pieds de devant. Il se nourrit de lait, de pomme de terre, de pain, de biscuit de mer, de feuilles tendres, saisit, quoiqu'avec peine, dans une patte de devant ce qu'il veut manger. Il lui faut un jour pour grimper sur un arbre, et lorsqu'il dort, il se suspend à une branche par les pattes, le corps en arc et pendant.

V. VAUTOUR.

Ce genre d'oiseaux diffère des Aigles par son port extérieur et par ses mœurs. Il joint la bassesse à la férocité, la gourmandise à la cruauté, et la lâcheté à l'ardeur du butin. La corruption et l'infection des cadavres les attirent au lieu de les repousser. Quelquefois ils se réunissent plusieurs pour égorger impitoyablement une victime. Ils se livrent sans réserve à leur appétit glouton, se remplissent l'estomac pour quinze jours, et l'excès de nourriture est pour eux un poids funeste, qui les empêche de se dérober aux poursuites du chien et aux coups du chasseur. En général on voit des Vautours dans presque toutes les parties du monde.

X. XIPHIAS.

Poisson monstrueux, qui porte au devant de la tête un grand os noir. On le nomme aussi Espadon, à cause de son long museau fait en façon d'une épée ou espadon. Il a la figure d'un Thon, et il est même un peu plus gros. La pointe de son museau a quatre ou cinq pieds de long, suivant la grandeur du poisson, et près de trois pouces de large. Elle est fort plate, et bordée des deux côtés d'une rangée de dents longues et larges presque comme le doigt, à la façon des dents d'un peigne.

Ce poisson fait la guerre à la Baleine, et bien souvent la blesse à mort.

Y. YAPU.

L'YAPU est un oiseau du Brésil qui ressemble à une Pie, et qui a tout le corps noir, à l'exception de sa queue qui est jaunâtre. Il a les yeux bleus, le bec jaune, avec trois pinnules sur la tête qu'il dresse, comme si c'étoient des cornes.

Z.   ZÈBRE.

La peau du Zèbre est rayée de noir et de jaune clair, avec tant de symétrie, qu'il semble qu'on a pris le compas pour la peindre. C'est un âne sauvage qui marche avec une grande vîtesse, mais qu'on ne peut monter, parce qu'il est indocile et têtu. Avec sa gentillesse, on le préféreroit au cheval, s'il étoit comme lui, susceptible d'éducation et familier. Cet animal sauvage du Cap de Bonne-Espérance, très-difficile à prendre, est rare et très-cher.

FABLES CHOISIES

DE

LA FONTAINE,

Qui conviennent le mieux aux Enfans.

FABLE PREMIÈRE.

LA CIGALE ET LA FOURMI.

La cigale ayant chanté
　　　Tout l'été,
Se trouva fort dépourvue
Quand la bise (1) fut venue :
Pas un seul petit morceau
De mouche ou de vermisseau !
Elle alla crier famine
Chez la fourmi sa voisine,
La priant de lui prêter
Quelque grain pour subsister
Jusqu'à la saison nouvelle.
Je vous paîrai, lui dit-elle,
Avant l'oût (2), foi d'animal,

___

(1) Vent du nord, qui contribue le plus au froid de l'hiver.

(2) Avant le temps où l'on recueille les grains ; ainsi nommé, parce qu'il arrive en août, qu'on prononce oût.

Intérêt et principal.
La fourmi n'est pas prêteuse :
C'est-là son moindre défaut.
Que faisiez-vous au temps chaud?
Dit-elle à cette emprunteuse. —
Nuit et jour à tout venant
Je chantois, ne vous déplaise. —
Vous chantiez! j'en suis fort aise :
Hé bien! dansez maintenant.

FABLE II.

LE CORBEAU ET LE RENARD.

Maître corbeau, sur un arbre perché,
Tenoit en son bec un fromage.
Maître renard, par l'odeur alléché (1),
Lui tint à-peu-près ce langage :
Hé! bon jour, monsieur du corbeau!
Que vous êtes joli! que vous me semblez beau!
Sans mentir, si votre ramage
Se rapporte à votre plumage,
Vous êtes le phénix (2) des hôtes de ces bois.
A ces mots le corbeau ne se sent pas de joie;
Et, pour montrer sa belle voix,
Il ouvre un large bec, laisse tomber sa proie.

(1) Attiré.

(2) Le plus beau de tous les oiseaux, unique en son espèce, et si rare, qu'il n'est pas trop sûr qu'il ait jamais existé.

Le renard s'en saisit, et dit : Mon bon monsieur,
  Apprenez que tout flatteur
Vit aux dépens de celui qui l'écoute :
Cette leçon vaut bien un fromage, sans doute.
  Le corbeau, honteux et confus,
Jura, mais un peu tard, qu'on ne l'y prendroit plus.

FABLE III.

LA GRENOUILLE QUI VEUT SE FAIRE AUSSI GROSSE QUE LE BŒUF.

Une grenouille vit un bœuf
  Qui lui sembla de belle taille,
Elle, qui n'étoit pas grosse en tout comme un œuf,
Envieuse, s'étend, et s'enfle, et se travaille,
  Pour égaler l'animal en grosseur ;
  Disant : Regardez bien, ma sœur,
Est-ce assez? dites-moi, n'y suis-je point encore ?
Nenni. — M'y voici donc ? — Point du tout. — M'y voila ? —
Vous n'en approchez point. La chétive pécore
  S'enfla si bien qu'elle creva.

Le monde est plein de gens qui ne sont pas plus sages :
Tout bourgeois veut bâtir comme les grands seigneurs ;
  Tout petit prince a des ambassadeurs ;
  Tout marquis veut avoir des pages.

FABLE IV.

LE LOUP ET L'AGNEAU.

La raison du plus fort est toujours la meil-
leure.
Nous l'allons montrer tout-à-l'heure.

Un agneau se désaltéroit
Dans le courant d'une onde pure.
Un loup survient à jeun, qui cherchoit aven-
ture ;
Et que la faim en ces lieux attiroit.
Qui te rend si hardi de troubler mon breuvage
Dit cet animal plein de rage :
Tu seras châtié de ta témérité.
Sire, répond l'agneau, que votre majesté
Ne se mette pas en colère :
Mais plutôt qu'elle considère
Que je me vas désaltérant
Dans le courant,
Plus de vingt pas au-dessous d'elle ;
Et que, par conséquent, en aucune façon,
Je ne puis troubler sa boisson.
Tu la troubles ! reprit cette bête cruelle ;
Et je sais que de moi tu médis l'an passé.
Comment l'aurois-je fait si je n'étois pas né ?
Reprit l'agneau ; je tette encore ma mère. —
Si ce n'est toi, c'est donc ton frère. —
Je n'en ai point. — C'est donc quelqu'un des
tiens :

Car vous ne m'épargnez guère,
Vous, vos bergers et vos chiens.
On me l'a dit : il faut que je me venge.
Là-dessus, au fond des forêts
Le loup l'emporte, et puis le mange,
Sans autre forme de procès.

FABLE V.

LA POULE AUX ŒUFS D'OR.

L'AVARICE perd tout en voulant tout gagner.
Je ne veux pour le témoigner,
Que celui dont la poule, à ce que dit la fable,
Pondoit tous les jours un œuf d'or.
Il crut que dans son corps elle avoit un trésor :
Il la tua, l'ouvrit, et la trouva semblable
A celles dont les œufs ne lui rapportoient rien,
S'étant lui-même ôté le plus beau de son bien.

Belle leçon pour les gens chiches !
Pendant ces derniers temps, combien en a-t-on vus,
Qui du soir au matin sont pauvres devenus,
Pour vouloir trop tôt être riches !

FABLE VI.

LE COQ ET LA PERLE.

Un jour un coq détourna
Une perle qu'il donna
Au beau premier lapidaire (1).
Je la crois fine, dit-il ;
Mais le moindre grain de mil
Seroit bien mieux mon affaire.

Un ignorant hérita
D'un manuscrit, qu'il porta
Chez son voisin le libraire.
Je crois, dit-il, qu'il est bon ;
Mais le moindre ducaton
Seroit bien mieux mon affaire.

(1) Celui qui met en œuvre les pierres précieuses.

FABLE VII.

LES FRÉLONS ET LES MOUCHES A MIEL.

A l'œuvre on connoît l'artisan.

Quelques rayons de miel sans maître se trouvèrent ;

Des frêlons (1) les réclamèrent.
Des abeilles s'opposant,
Devant certaine guêpe on traduisit la cause.
Il étoit malaisé de décider la chose :
Les témoins déposoient qu'autour de ces rayons
Des animaux ailés, bourdonnans, un peu
    longs,
De couleur fort tannée, et tels que les abeilles,
Avoient long-temps paru. Mais quoi! dans les
    frêlons
    Ces enseignes étoient pareilles.
La guêpe ne sachant que dire à ces raisons,
Fit enquête nouvelle, et, pour plus de lu-
    mière,
    Entendit une fourmillière.
    Le point n'en put être éclairci.
    De grace, à quoi bon tout ceci ?
    Dit une abeille fort prudente.
Depuis tantôt six mois que la cause est pen-
    dante,
    Nous voici comme aux premiers jours.
    Pendant cela le miel se gâte,
Il est temps désormais que le juge se hâte :
    N'a-t-il point assez léché l'ours (2) ?
Sans tant de contredits et d'interlocutoires,
    Et de fatras et de grimoires,

(1) Espèce de mouches qui s'introduisent dans les ruches des abeilles pour en piller le miel, incapables elles-mêmes de composer un suc si delicat.

(2) Expression proverbiale, pour dire, sucé, exténué les parties, en prolongeant les procès.

Travaillons, les frêlons et nous,
On verra qui sait faire avec un suc si doux,
Des cellules si bien bâties.
Le refus des frêlons vit voir
Que cet art passoit leur savoir;
Et la guêpe adjugea le miel à leurs parties.

Plût à Dieu qu'on réglât ainsi tous les procès!
Que des Turs en cela l'on suivît la méthode!
Le simple sens commun nous tiendroit lieu
  de code (3);
Il ne faudroit point tant de frais.
Au lieu qu'on nous mange, on nous gruge;
On nous mine par des longueurs:
On fait tant, à la fin, que l'huître est pour le
  juge,
Les écailles pour les plaideurs.

(3) Recueil de lois destinées à l'éclaircissement et à la décision des procès.

~~~~~~~~~~~~~~~~~~~~~~~~~~~

FABLE VIII.

L'ENFANT ET LE MAITRE D'ÉCOLE.

Dans ce récit je prétends faire voir
Dans certains sots la remontrance vaine.

Un jeune enfant dans l'eau se laissa choir,
En badinant sur les bords de la Seine.
Le ciel permit qu'un saule se trouva,
      Dont

Dont le branchage, après Dieu, le sauva.
S'étant pris, dis-je, aux branches de ce saule,
Par cet endroit passe un maître d'école;
L'enfant lui crie : au secours! je péris!
Le magister, se tournant à ses cris,
D'un ton fort grave, à contre-temps s'avise
De le tancer. Ah! le petit babouin (1)!
Voyez, dit-il, où l'a mis sa sottise!
Et puis prenez de tels fripons le soin!
Que les parens sont malheureux, qu'il faille
Toujours veiller à semblable canaille!
Qu'ils ont de maux! et que je plains leur sort!
Ayant tout dit, il mit l'enfant à bord.

Je blâme ici plus de gens qu'on ne pense.
Tout babillard, tout censeur, tout pédant (2),
Se peut connoître au discours que j'avance.
Chacun des trois fait un peuple fort grand :
Le créateur en a béni l'engeance.
En toute affaire ils ne font que songer
    Au moyen d'exercer leur langue.
Hé, mon ami! tire-moi de danger;
    Tu feras après ta harangue.

(1) Espèce de singe, au figuré petit polisson.

(2) C'est-à-dire, toute personne sujette à étaler avec affection et mal-à-propos sa science.

FABLE IX.

L'ANE CHARGÉ D'ÉPONGES, ET L'ANE CHARGÉ DE SEL.

Un ânier, son sceptre (1) à la main,
Menoit, en empereur romain,
Deux coursiers à longues oreilles.
L'un, d'éponges chargé, marchoit comme un courier;
Et l'autre se faisant prier,
Portoit, comme on dit, les bouteilles (2):
Sa charge étoit de sel. Nos gaillards pélerins,
Par monts, par vaux, et par chemins,
Au gué d'une rivière à la fin arrivèrent,
Et fort empêchés se trouverent.
L'ânier, qui tous les jours traversoit ce gué-là,
Sur l'âne à l'éponge monta,
Chassant devant lui l'autre bête,
Qui, voulant en faire à sa tête,
Dans un trou se précipita,
Revint sur l'eau, puis échappa:
Car au bout de quelques nagées
Tout son sel se fondit si bien,
Que le baudet ne sentit rien
Sur ses épaules soulagées.
Camarade épongier prit exemple sur lui,

---

(1) Son fouet ou son bâton.
(2) Marchoit très-lentement.

Comme un mouton qui va dessus la foi d'autrui.
Voilà mon âne à l'eau ; jusqu'au col il se plonge,
Lui, le conducteur, et l'éponge.
Tous trois burent d'autant : l'ânier et le grison
Firent à l'éponge raison (3).
Celle-ci devint si pesante,
Et de tant d'eau s'emplit d'abord,
Que l'âne succombant ne put gagner le bord.
L'ânier l'embrassoit dans l'attente
D'une prompte et certaine mort.
Quelqu'un vint au secours : qui ce fut, il n'importe.
C'est assez qu'on ait vu par-là qu'il ne faut point
Agir chacun de même sorte.
J'en voulois venir à ce point.

(3) Se remplirent d'eau comme l'éponge.

FABLE X.

LE RENARD ET LA CIGOGNE.

Compère le renard se mit un jour en frais,
Et retint à dîner commère la cigogne.
Le régal fut petit et sans beaucoup d'apprêts :
Le galant, pour toute besogne,
Avoit un brouet clair (il vivoit chichement).
Ce brouet fut pour lui servi sur une assiette :

La cigogne au long bec n'en put attraper miette ;
Et le drôle eut lapé le tout en un moment.
Pour se venger de cette tromperie,
A quelque temps de-là la cigogne le prie.
Volontiers, lui dit-il ; car avec mes amis
Je ne fais point cérémonie.
A l'heure dite, il courut au logis
De la cigogne son hôtesse ;
Loua très-fort sa politesse ;
Trouva le dîner cuit à point :
Bon appétit sur-tout ; renard n'en manque point.
Il se réjouissoit à l'odeur de la viande
Mise en menus morceaux, et qu'il croyoit friande.
On servit, pour l'embarrasser,
En un vase à long col et d'étroite embouchure.
Le bec de la cigogne y pouvoit bien passer ;
Mais le museau du sire étoit d'autre mesure.
Il lui fallut à jeun retourner au logis,
Honteux comme un renard qu'une poule auroit pris,
Serrant la queue, et portant bas l'oreille.

Trompeurs, c'est pour vous que j'écris :
Attendez-vous à la pareille.

FABLE XI.

LE LABOUREUR ET SES ENFANS.

TRAVAILLEZ, prenez de la peine :
C'est le fond qui manque le moins.

Un riche laboureur, sentant sa mort prochaine,
Fit venir ses enfans, leur parla sans témoins.
Gardez-vous, leur dit-il, de vendre l'héritage
Que nous ont laissé nos parens :
Un trésor est caché dedans.
Je ne sais pas l'endroit : mais un peu de courage
Vous le fera trouver ; vous en viendrez à bout.
Remuez votre champ dès qu'on aura fait l'oût ;
Creusez, fouillez, bêchez, ne laissez nulle place
Où la main ne passe et repasse.
Le père mort, les fils vous retournent le champ,
Deçà, delà, par-tout ; si bien qu'au bout de l'an
Il en rapporta davantage.
D'argent, point de caché. Mais le père fut sage
De leur montrer, avant sa mort,
Que le travail est un trésor.

FABLE XII.

LE LOUP DEVENU BERGER.

Un loup qui commençoit d'avoir petite part
    Aux brebis de son voisinage,
Crut qu'il falloit s'aider de la peau du renard,
    Et faire un nouveau personnage.
Il s'habille en berger, endosse un hoqueton,
    Fait sa houlette d'un bâton,
    Sans oublier la cornemuse.
    Pour pousser jusqu'au bout la ruse,
Il auroit volontiers écrit sur son chapeau :
« C'est moi qui suis Guillot, berger de ce
    troupeau ».
    Sa personne étant ainsi faite,
Et ses pieds de devant posés sur sa houlette,
Guillot le sycophante (1) approche dou-
    cement.
Guillot, le vrai Guillot, étendu sur l'her-
    bette,
    Dormoit alors profondément ;
Son chien dormoit aussi, comme aussi sa
    musette ;
La plupart des brebis dormoient pareillement.
    L'hypocrite les laissa faire ;
Et, pour pouvoir mener vers son fort les
    brebis,

(1) Trompeur.

Il voulut ajouter la parole aux habits.
 Chose qu'il croyoit nécessaire.
 Mais cela gâta son affaire :
Il ne put du pasteur contrefaire la voix.
Le ton dont il parla fit retentir les bois,
 Et découvrit tout le mystère.
 Chacun se réveille à ce son,
 Les brebis, le chien, le garçon.
 Le pauvre loup dans cet esclandre,
 Empêché par son hoqueton,
 Ne put ni fuir, ni se défendre.

Toujours par quelque endroit fourbes se laissent prendre.
 Quiconque est loup, agisse en loup;
 C'est le plus certain de beaucoup.

COMPLIMENS

POUR UN ENFANT.

AIR : *Des fraises.*

Te chérir dans tous les temps,
Cent fois plus que moi-même,
Papa, tel est mon présent,
Et voilà mon compliment :
 Je t'aime.   (3 *fois.*)

AUTRE.

AIR : *Au coin du feu.*

Un jeune enfant,
Que peut-il offrir à sa mère,
De plus charmant,
Qu'un cœur tendre et reconnoissant ?
Des sentimens pures et sincères ;
Certes, voilà bien de quoi plaire
A sa maman.

AUTRE.

AIR : *Sans peine à l'accent je... etc.*

Fêtons le bon Saint-Nicolas :
C'est le Patron de la jeunesse ;
Toujours il lui tendit les bras.
Et la guida par sa sagesse ;
Il soulagea les malheureux,
Par sa bonté, sa bienfaisance.
Pour fêter un cœur généreux,
Il n'est que la reconnoissance.

Vous, dont le cœur sensible et bon,
Sait bien retracer son image,
Je voudrois à cette chanson,
Pouvoir ajouter quelque hommage.
Réduit à chanter vos bienfaits,
Voilà mes vœux, ma jouissance,
Et pour joindre à votre bouquet,
Je n'ai que ma reconnoissance.

UN FILS A SA MÈRE.

Oh! ma tendre Maman, ma Mère bien-aimée!
Viens rendre le bonheur à mon ame opprimée.
Si tu veux quelque temps habiter ce séjour,
Une seconde fois je te devrai le jour.
Je ne compte parmi ceux de mon existence,
Que les seuls où je puis jouir de ta présence.
Les jours que loin de toi je passe, en m'af-
    fligeant,
Pour ton malheureux fils sont des jours de
    néant.

VERS PRÉSENTÉS PAR UN JEUNE ENFANT A SA MÈRE.

Qu'uen ce beau jour j'ai de plaisir,
  Chère Maman, à t'offrir cette rose!
Elle est fraîche et jolie : à peine est-elle éclose
  Du premier soufle du Zéphir.

Dans mes bras enfantins permets que je t'enlace,
  En t'offrant ce léger présent,
  Et que de mes mains je la place
  Sur ton corset, en t'embrassant.

Des maux que tu souffrois, que j'étois affligée!
Mais, grace à nos soupirs, la fortune est
    changée.

Ah! si mes pleurs avoient pu te guérir!
Tu connois bien l'excès de ma tendresse,
Rien n'auroit pu les calmer, les tarir.

Ces larmes sur ta couche auroient coulé sans cesse :
J'aurois préféré d'y mourir.
Mais que mon ame est plus contente!
Je ne crains plus rien pour tes jours;
Ta santé n'est plus chancelante.

En cet état heureux conserve-là toujours.

Vis, pous nous aimer tous, dans ce charmant asile.
O Maman! tu connois mes sentimens, mon cœur ;
Jamais il ne fut plus tranquille ;
Te plaire et t'obéir fera tout mon bonheur.

~~~~~~~~~~~~~~~

BOUQUET D'UN ENFANT A SA MÈRE.

Ce n'est point en offrant des fleurs
Que je veux peindre ma tendresse;
De leur parfum, de leurs couleurs,
En peu d'instans le charme cesse.
La rose naît en un moment,
En un moment elle est flétrie :
Mais ce que pour vous mon cœur sent,
Ne finira qu'avec ma vie.

LEÇONS DE GÉOGRAPHIE.

PREMIÈRE LEÇON.

Le mot Géographie signifie description de la Terre.

La Terre est un Globe qui est applati à ses extrémités, au Nord et au Midi.

DEUXIÈME LEÇON.

L'on nomme Pôles ces deux extrémités ; le Pôle du Nord s'appelle Boréal ou Arctique ; celui du Midi, Antarctique.

TROISIÈME LEÇON.

Le Globe a quatre points principaux, qui sont : le Nord, le Midi, le Levant, le Couchant. Le Nord se nomme aussi Septentrion ; le Midi, Sud ; le Levant, Orient ou Est ; le Couchant, Occident ou Ouest.

QUATRIÈME LEÇON.

L'on nomme Continent une grande quantité de terres qui se touchent ; l'on connoît, sur le Globe, deux Continens, l'ancien et le nouveau. L'ancien se divise en trois parties : l'Europe, l'Asie et l'Afrique.

Le nouveau, en deux parties, qui se nomment l'Amérique septentrionale, et l'Amérique méridionale.

CINQUIÈME LEÇON.

Les deux Continens sont séparés par une grande masse d'eau qui se nomme Mer. Cette Mer s'appelle Océan ; les Mers qui se trouvent dans les Continens se nomment Mers méditerranées. Les passages de l'Océan dans les Mers méditerranées s'appellent Détroits.

SIXIÈME LEÇON.

Les terres qui sont entièrement entourées par la Mer, se nomment Iles.

Une partie de terre qui n'est attachée au Continent que par une langue de terre, se nomme presqu'Ile ; la langue de terre s'appelle Isthme.

SEPTIÈME LEÇON.

Les Isthmes les plus fameux sont ceux de Suez et de Panama : celui de Suez attache l'Afrique à l'Asie ; et celui de Panama, l'Amérique septentrionale à la méridionale.

HUITIÈME LEÇON.

Les terres qui bordent la Mer se nomment Côtes.

Quand la Mer entre dans les terres, et qu'elle y forme une espèce de bassin, elle prend le nom de Golphe ou Baie.

NEUVIÈME LEÇON.

Lorsque la Terre s'avance dans les Mers, c'est ce qu'on nomme Cap. Les deux Caps les plus fameux sont le Cap de Bonne-Espérance, en Afrique, et le Cap-Horn, en Amérique.

Quand plusieurs Iles sont près les unes des autres, cela s'appelle Archipel.

DU CALCUL.

0, 1, 2, 3,
zéro, un, deux, trois,

4, 5, 6, 7,
quatre, cinq, six, sept,

8, 9.
huit, neuf.

Ces caractères s'appellent des chiffres ; ils servent à compter.

Pour exprimer des Nombres plus considérables, sans avoir recours à d'autres caractères, on est convenu que de dix unités on n'en feroit qu'une, à laquelle on donneroit le nom de *dixaine*, et que l'on compteroit par dixaines comme on compte par unités, c'est-à-dire, que l'on diroit deux dixaines, trois dixaines, etc., jusqu'à neuf dixaines; que, pour représenter ces nouvelles unités, on emploieroit les mêmes chiffres que pour les unités simples, et qu'on les distingueroit de celles-ci, en les plaçant à leur gauche.

Ainsi, pour représenter *trente-quatre*, qui renferment trois dixaines et quatre unités, on est convenu d'écrire 34 : pour représenter *soixante*, qui contiennent un nombre exact de dixaines sans aucune unité, on écrit 60. Zéro marque à la fois qu'il n'y a point d'unités simples, et que le nombre six exprime des dixaines.

Pour faire des comptes plus étendus, on forme de dix dixaines une seule unité, qui a le nom de *centaine*, parce que dix fois dix font cent, et on place les chiffres qui appartiennent à ces centaines, à la gauche des dixaines.

Il en est de même des mille, que l'on forme de dix centaines, et ainsi de suite, pour tous les nombres que l'on peut imaginer.

Les principales Règles du Calcul sont : l'*Addition*, la *Soustraction*, la *Multiplication*, la *Division*.

L'ADDITION.

Théodore, supposons que tu tires quelques noix d'une corbeille, pour savoir combien tu en auras pris, tu diras,

par exemple . . . . 4 noix,
plus 2 noix,
plus 3 noix,
_____
font 9 noix.

Le nombre 9 est le total que tu cherchois.

Ainsi l'Addition consiste à ajouter plusieurs nombres les uns aux autres, pour en connoître la somme totale.

LA SOUSTRACTION.

Supposons que tu n'aies pris que 7 noix, et que tu en remettes 4, combien t'en restera-t-il ?

de 7 noix,
ôte 4 noix,
_____
reste 3 noix.

Ainsi, par la Soustraction, on ôte un moindre nombre d'un plus grand, pour savoir ce qu'il en reste.

LA MULTIPLICATION.

Si je te donne 20 noix par jour, combien en mangeras-tu en 4 jours?

$$\begin{array}{r}\text{Multiplie} \ldots \ldots 20 \\ \text{par} \ldots \ldots 4 \\ \hline \end{array}$$

C'est-à-dire, compte 4 fois 20,

Tu trouveras . . . . 80 noix.

La Multiplication consiste donc à multiplier deux nombres l'un par l'autre, pour trouver un troisième nombre, qui contienne le premier autant de fois qu'il y a d'unités dans le second.

LA DIVISION.

Si, par hasard, il ne s'étoit trouvé dans la corbeille que trente noix, et qu'il t'eût fallu les partager entre 6 personnes, comien chaque personne en auroit-elle eu?

$$30 \left\{ \dfrac{\text{divisés par 6,}}{\text{donnent 5.}} \right.$$

Chaque personne auroit donc eu 5 noix.

L'usage de la Division est, comme tu vois, de partager un nombre en autant de parties qu'il y a d'unités dans celui par lequel on le divise.

Chiffres Arabes. — Romains.

Un	1	I.
Deux	2	II.
Trois	3	III.
Quatre	4	IV.
Cinq	5	V.
Six	6	VI.
Sept	7	VII.
Huit	8	VIII.
Neuf	9	IX.
Dix	10	X.
Onze	11	XI.
Douze	12	XII.
Treize	13	XIII.
Quatorze	14	XIV.
Quinze	15	XV.
Seize	16	XVI.
Dix-sept	17	XVII.
Dix-huit	18	XVIII.
Dix-neuf	19	XIX.
Vingt	20	XX.
Trente	30	XXX.

(77)

Chiffres Arabes. — Romains.

Quarante	40	XXXX ou XL.
Cinquante	50	L.
Soixante	60	LX.
Soixante-dix	70	LXX.
Quatre-vingt.	80	LXXX.
Quatre-vingt-dix	90	XC.
Cent	100	C.
Deux cent	200	CC.
Trois cent	300	CCC.
Quatre cent	400	CCCC ou CD.
Cinq cent	500	D.
Six cent	600	DC.
Sept cent	700	DCC.
Huit cent	800	DCCC.
Neuf cent	900	DCCCC ou CM.
Mille	1000	M.

TABLEAU DE MULTIPLICATION.

2 fois 2 font 4.	2 fois 8 font 16.
2 fois 3 font 6.	2 fois 9 font 18.
2 fois 4 font 8.	2 fois 10 font 20.
2 fois 5 font 10.	2 fois 11 font 22.
2 fois 6 font 12.	2 fois 12 font 24.
2 fois 7 font 14.	3 fois 3 font 9.

www.ingramcontent.com/pod-product-compliance
Lightning Source LLC
LaVergne TN
LVHW050609090426
835512LV00008B/1403